Oliver Postgate und Peter Firmin

Noggin der König

Otto Maier Verlag Ravensburg

Diese Burg gehört
Noggin von Nog.
Noggin von Nog
wohnte in dieser Burg
vor langer, langer Zeit.

Noggin von Nog war ein König.
Er war der König
des ganzen Landes
um die Burg herum.

Er war der König der Berge,
der Bauernhöfe und der Äcker.
Er war der König aller Menschen
des Landes um die Burg herum.

Das Land um die Burg herum hieß Nogland.

Noggin war ein guter König.
Er kümmerte sich um sein Volk.
Es war ihm ganz besonders wichtig,
daß alle warme Strümpfe hatten.

Er sorgte immer für gutes Essen und schaute darauf, daß ihre Dächer keine Löcher hatten.

Einmal kam ein Mann zu Noggin.
Der Mann sagte: „Bitte, Noggin,
kannst du mir helfen,
mein Hausdach zu flicken?"

Noggin und der Mann
gingen zu einem Bauern.
Der Bauer gab ihnen eine Leiter
und zwei Büschel Stroh.

Mit dem Stroh und der Leiter
gingen sie dorthin,
wo der Mann wohnte.

Noggin stieg die Leiter hinauf,
um das Dach zu flicken.
Das Dach hatte viele Löcher.

In einem großen Loch
sah Noggin ein Nest.
In dem Nest
saßen vier kleine Vögel
und daneben
die Vogelmutter.
Noggin sagte:
„Hier könnt ihr nicht bleiben."

Noggin nahm das Nest
mit in seine Burg.
Er baute dafür
einen Nistkasten
und hängte ihn
an einen Baum.

Noggin
fütterte die Vogelmutter
mit Brotkrümeln.
Dann sagte er zu ihr:
„Ich bin der König
der Menschen.
Sag mal, bin ich auch
der König der Vögel?"

Die Vogelmutter sagte nichts.
Sie pickte die Brotkrümel auf
und flog weg.

Noggin ging zu seiner Frau.
Noggins Frau hieß
Königin Nogga.
Sie pflückte gerade
im Garten die Pflaumen.

Noggin sagte zu ihr:
„Ich bin der König der Menschen.
Sag mal, bin ich auch der König der Vögel?"

„Warum willst du denn wissen, ob du der König der Vögel bist?" fragte Nogga.

„Ich möchte wissen,
ob ich der König
der Vögel bin"
sagte Noggin,
„damit ich mich
um sie kümmern kann.
Ich will ihnen
Brotkrümel geben,
und ich will ihnen
Nistkästen bauen."

Da sahen Noggin und Nogga
die Vogelmutter.
Sie flog über ihnen.
Im Schnabel trug sie
eine kleine Glocke,
und die Glocke bimmelte.

„Warum bimmelt die Vogelmutter
mit einer Glocke?" fragte Noggin.
Nogga sagte: „Ich weiß es nicht,
gehen wir hin und fragen sie."
Die Vogelmutter saß
auf einem Ast.
Noggin und Nogga fragten sie:
„Warum bimmelst du
mit einer Glocke?"

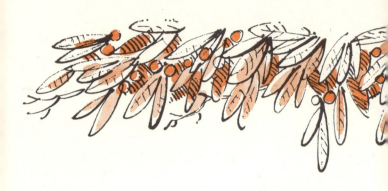

Die Vogelmutter sagte nichts.
Sie bimmelte mit ihrer Glocke
und flog dann in den Wald.

"Gehen wir heim", sagte Noggin.
Noggin und Nogga drehten sich um
und gingen heimwärts.
Die Vogelmutter aber
flog ihnen nach
und bimmelte mit der Glocke.

Nogga fragte sie: "Sag doch,
warum bimmelst du mit der Glocke?"
Die Vogelmutter sagte nichts
und flog in den Wald.
"Ich glaube", sagte Nogga,
"sie will, daß wir in den Wald gehen

So gingen Noggin und
Nogga in den Wald.
Da standen viele große Bäume.
Es war dunkel in dem Wald.
"Ich mag den dunkeln Wald nicht",
sagte Nogga. "Ich will heimgehen."

„Still!" sagte Noggin.
„Ich höre Glocken."
Da sahen Noggin und Nogga
viele Vögel;
große Vögel und kleine Vögel.
Und alle Vögel
trugen kleine Glocken im Schnabel.

Die Vögel flogen
durch den Wald
und bimmelten
mit ihren Glocken.
Noggin und Nogga
gingen mit ihnen.

Die Vögel führten
Noggin und Nogga
zu einer großen Eiche

In der Eiche saß ein großer Uhu.

„Ich glaube", sagte Noggin, „der große Uhu ist der König der Vögel."
„Frag ihn doch", sagte Nogga.
„Großer Uhu", sagte Noggin, „bist du der König der Vögel?"

Der große Uhu sagte nichts.
Er flog auf den Boden,
und die anderen Vögel brachten ihm
Zweige und Federn.

Der große Uhu
flocht aus den Zweigen
und Federn eine Krone,

dann verbeugte er sich
ganz tief vor Noggin.

Und nun nahmen
die Vögel die Krone.
Sie flogen damit über Noggin
und setzten ihm die Krone
auf den Kopf. Noggin fragte:
„Was ist das für eine Krone?"

„Das ist die Krone
für den König der Vögel",
sagte Nogga. „Du bist jetzt
der König
aller Vögel in Nogland."
„Da bin ich aber froh",
sagte Noggin.
„Gehen wir gleich heim
und holen Brotkrümel
und bauen Nistkästen
für alle Vögel."

Noggin und Nogga gingen heim.
Die Vögel flogen über ihnen
und bimmelten mit ihren Glocken.
Alle Vögel flogen mit zu Noggins Burg;
nur der große Uhu nicht.

Der große Uhu
blieb in der Eiche sitzen
und machte seine Augen zu.

Neu im Juni 1973:

Noggin und der Wal

In dieser lustigen und spannenden Geschichte lernt ihr Noggins und Noggas John Knud kennen.

Schreibschriftbände in den Ravensburger Taschenbüchern Sonderreihe: „Mein erstes Taschenbuch"

Noggin der König
Von Oliver Postgate. Noggin von Nog ist der König aller Menschen des Landes um seine Burg herum. Ist er aber auch der König der Vögel?　　　　　　　　　　　　Band 21

Noggin und der Wal
Von Oliver Postgate. König Noggins Hafenmeister hat großen Ärger mit einem Wal. Knud, Noggins Sohn, weiß Rat.　　　　Band 24

Na warte . . . Andi!
Von Judith Viorst. Der Jüngere zu sein, ist oft sehr schlimm. Gegen den großen Bruder kann man wenig ausrichten – aber vorstellen kann man sich allerhand. Und immer ist der Große dann der Schwächere und Dümmere!　Band 28

Krach am Sonntagmorgen
Von Judith Viorst. Die Eltern sind spät nach Hause gekommen und wollen am Sonntagmorgen bis Viertel vor Zehn Uhr **nichts** von ihren beiden Jungen hören . . .　　Band 31

5, 6, 7 . . . wo sind sie geblieben?
Von Elaine Livermore. Dies ist ein ganz besonderes Buch: Auf jeder Seite muß man etwas suchen.　　　　　　　　　　　　Band 34